SOUVENIR

DES

NOCES D'OR

DE

M. L'ABBÉ CLÉMENT,

CHANOINE HONORAIRE,

CURE-DOYEN DE CHATILLON-EN-BAZOIS.

24 JUILLET 1884.

NEVERS,

IMPRIMERIE FAY, G. VALLIÈRE, SUCCESSEUR,

Rue du Rempart, 2, et place de la Halle.

1884

SOUVENIR

DES

NOCES D'OR

DE

M. L'ABBÉ CLÉMENT,

CHANOINE HONORAIRE,

CURÉ-DOYEN DE CHATILLON-EN-BAZOIS.

24 JUILLET 1884.

NEVERS,

IMPRIMERIE FAY, G. VALLIÈRE, SUCCESSEUR,

Rue du Rempart, 2, et place de la Halle.

1884

SOUVENIR

DES

NOCES D'OR

DE

M. L'ABBÉ CLÉMENT,

Jeudi, 24 juillet 1884, la paroisse de Châtillon était dans l'allégresse : elle célébrait l'adoration perpétuelle et en même temps, par la plus providentielle des coïncidences, les noces d'or de son bien-aimé pasteur, M. le Doyen de Châtillon : La fête de la Victime eucharistique et celle du prêtre qui, depuis cinquante ans, l'immole sur l'autel, quelle sainte, poétique et délicieuse harmonie !

Dès neuf heures et demie, au chant joyeux des carillons, près de cinquante prêtres, amis à toutes sortes de titres du vénérable curé, se rendaient processionnellement au presbytère pour conduire de là à l'autel le héros de la solennité.

Au pied du sanctuaire, au bas de la balustrade où se pressait l'élite de la paroisse, M. le Doyen de Châtillon, conduit par M. l'Archiprêtre de Clamecy et M. le Curé de Saint-Pierre de Nevers, fut harangué, au nom du doyenné, par M. le Curé de Bazolles, le digne M. Delabre.

Allocution toute dictée par le cœur et rendue dans un langage éminemment sacerdotal; expression de la joie commune, félicitations ayant pour objet une vie toute d'œuvres et de mérites ; allusion des plus délicates à M. l'Archiprêtre de Clamecy, dont l'influence pastorale avait été si bonne, cinquante ans auparavant, aux débuts de M. Clément, son vicaire d'alors ; remerciments à tous les confrères présents et souhaits *ad multos annos* au pasteur des noces d'or, tel a été le compliment de M. l'abbé Delabre.

Quelques instants après, M. le Doyen de Châtillon, assisté de ses deux fils dans le sacerdoce, M. l'abbé Billoué et le R. P. dom Pierdait, religieux bénédictin de Solesmes, montait à l'autel. Le bon curé allait avoir la consolation de lire les prières de la messe dans un magnifique missel, chef-d'œuvre incomparable de typographie, à lui offert par les curés de son doyenné, et de consacrer le précieux sang dans un merveilleux calice, don de sa paroisse chérie.

Après l'évangile, un autre fils en Jésus-Christ de M. l'abbé Clément, M. l'abbé Girarde, curé de Chantenay, faisait ressortir l'admirable rapport que la double solennité établissait tout naturellement entre le Dieu de l'autel et le prêtre qui l'y servait si fidèlement depuis cinquante années.

Disons que d'autres enfants de Châtillon, prêtres aussi, unissaient en ce moment à la voix éloquente du prédicateur le langage non moins éloquent de leur cœur : c'étaient MM. Save, curé d'Anthien et chanoine de Troyes, et Guillon, vicaire de Saint-Saulge

Parmi les autres ecclésiastiques présents à la belle cérémonie, figuraient : M. l'abbé Dufrène, chanoine titulaire; M. l'Archiprêtre de Château-Chinon ; M. l'abbé Benoist, supérieur du petit séminaire de Pignelin ; M. l'abbé Boussard, curé de Pougues ; M. l'abbé Cachet, aumônier de l'hôpital général ; M. l'abbé Guillemenot, doyen de Prémery ; M. l'abbé Léonard Perreau, secrétaire de Mgr Lelong et compatriote de M. l'abbé Clément; M. l'abbé Martinet, doyen de Saint-Saulge ; M. l'abbé Bricard, doyen de Fours ; M. l'abbé Commaille, doyen de La Charité ; M. l'abbé Grandjean, doyen honoraire d'Anlezy ; M. l'abbé Ballout, curé de Saint-Péreuse ; M. l'abbé Rasse, curé de Gâcogne ; M. l'abbé Guillaumet, ancien curé d'Armes ; M. l'abbé Crosnier, curé de Saint-Louis de Fourchambault; M. l'abbé Fêvre, aumônier de Saint-Gilbard ; M. l'abbé

Morizot, curé d'Epiry ; M. l'abbé Grévier, curé de Montapas ; M. l'abbé Sautumier, curé de Millay ; M. l'abbé Meunier, curé de Rouy ; M. l'abbé Burloy, curé de La Collancelle ; M. l'abbé Mannevy, curé de Planchez ; M. l'abbé Picault (Gustave), curé de Bona ; M. l'abbé Goguelat, curé de Brèves ; M. l'abbé Perreau (J.-B.), maître de chapelle ; M. l'abbé Millien, curé de Marigny-sur-Yonne ; M. l'abbé Bruneau, curé de Moux ; M. l'abbé Seurat, curé de Mouron ; M. l'abbé Delabre, curé de Bazolles ; M. l'abbé Ducrot, curé de Chougny ; M. l'abbé Monsinjon, curé d'Alluy ; M. l'abbé Chapoy, curé d'Aunay ; M. l'abbé Fages, curé de Limanton ; M. l'abbé Dousset, curé de Tintury, M. l'abbé Bétiaux, curé de Biches ; M. l'abbé Robin, curé de Tamnay ; M. l'abbé Tournois, curé de Montigny-sur-Canne.

Après la célébration de la sainte messe, un dîner de plus de soixante couverts réunissait tous les ecclésiastiques autour de M. l'abbé Clément, dont l'émotion et la joie étaient au comble.

Vers la fin de ces agapes fraternelles, M. l'abbé Hurault prit la parole. Avec ce langage exquis qu'on lui connaît, avec ce ton que la seule véritable amitié donne, l'éminent curé de Saint-Pierre de Nevers dit les qualités appréciées de tous, et révéla le trésor intime d'un cœur ami que lui seul connaît à fond. Le diocèse de Nevers sait les liens de fraternelle union qui depuis cinquante ans attachent si étroitement ces deux précieuses existences. Cité à plusieurs reprises et aux applaudissements unanimes dans le cours de cette effusion interrompue plusieurs fois par des larmes sincères, M. l'Archiprêtre de Clamecy se leva à son tour. Nous nous refusons à rendre l'effet produit sur l'assistance par cette parole auguste, vibrante, oublieuse d'aucune délicatesse à l'endroit de celui qui avait été pendant sept ans le vicaire du doyen actuel du clergé nivernais

A M. l'Archiprêtre de Clamecy succéda M. l'abbé Michel Crosnier. Nul n'ignore le succès avec lequel M. le Curé de Saint-Louis de Fourchambault tourne le vers français. Une fois encore le poète, qui a chanté Jérusalem, nous a fait admirer la verve de sa muse.

Les toasts pleuvaient dru sur la tête de M. le Doyen de Châtillon, dont l'embarras devenait de plus en plus charmant, quand M. l'abbé Dufrène, au nom de Mgr l'Evêque, demanda la parole. Cette requête inattendue éclata comme une fusée au milieu des joyeux propos et les fit taire en un clin d'œil. Une intervention qui revêtait du coup un caractère officiel fit comprendre à l'instant que le feu d'artifice allait donner son bouquet. Un pli mystérieux, que tenait le discret chanoine, attira immédiatement tous les yeux, et quand il fut annoncé que le désir de tous était un fait accompli, que Mgr l'Evêque, pour couronner une fête si nivernaise, comme on disait si bien, faisait M. le Doyen chanoine de son église cathédrale, les vivats, les transports, les actions de grâces ébranlèrent la salle.

De suite, une adresse de tous les prêtres réunis, par l'organe et sous la signature de M. l'Archiprêtre de Clamecy, fut dépêchée à Sa Grandeur, et le carillon des cloches annonça en même temps à la paroisse un événement qui mettait le comble à sa joie. Un mot manquait encore, mais il devait être dit. Le R. P. Pierdait, se faisant l'écho de tous les prêtres donnés à la sainte Eglise par M. l'abbé Clément, remercia pieusement son initiateur au sacerdoce et, au nom de sa famille religieuse, prit l'engagement de demander à Dieu, pour la paroisse de Châtillon, la grâce de donner encore beaucoup de prêtres à la sainte Eglise.

Cependant l'heure des vêpres approchait. La procession du clergé revint au presbytère, et, en dépit de ses refus réitérés, le nouveau chanoine, revêtu des insignes de sa haute dignité, dut se montrer à son peuple et se rendre triomphalement à son église, cette chère église qu'il a bâtie et dont les pierres, elles aussi, criaient merci à Sa Grandeur.

Après le chant du *Magnificat*, M. l'abbé Clément, en quelques mots bien sentis, — il ne pouvait parler longtemps, tant son émotion était grande — épancha son cœur dans celui de ses confrères et de ses paroissiens bien-aimés. C'est Notre-Seigneur présent sur l'autel qu'il chargea de payer à tous la dette de son inexprimable reconnaissance.

Le salut du Très-Saint-Sacrement et le chant du *Te*

Deum terminèrent cette fête qui laissera à Châtillon un souvenir ineffaçable.

Nous ne croyons pas manquer à la discrétion en reproduisant ici la lettre si délicate par laquelle Sa Grandeur Mgr l'Evêque de Nevers a conféré à M. l'abbé Clément la dignité de chanoine honoraire de Nevers :

ÉVÊCHÉ DE NEVERS. Nevers, le 23 juillet 1884.

Mon cher Doyen,

Je m'associe de prières et de cœur au touchant anniversaire que vous célébrerez demain ; et je veux contribuer pour ma part à la joie de cette fête de famille qui réunit autour de vous, sous le regard et la bénédiction de Notre-Seigneur, un grand nombre de vos amis en vous envoyant des lettres de chanoine honoraire de ma cathédrale. Je charge M. l'abbé Dufrène de vous les remettre, et je vous prie de voir dans cette nomination la preuve de mon affectueuse estime et de ma reconnaissance pour les services que vous avez rendus au diocèse pendant les cinquante années d'un laborieux ministère.

Croyez, mon cher Doyen, à mes sentiments affectueux et dévoués en Notre-Seigneur.

† Étienne, *év. de Nevers.*

Télégramme de Mgr Cortet.

Comme on l'a si bien dit, les noces d'or de M. l'abbé Clément ont été une fête toute *nivernaise*, et de tous les points du diocèse sont arrivés les témoignages les plus respectueux et les plus flatteurs pour le vénéré doyen de Châtillon.

Sa Grandeur Mgr Cortet, qui se trouvait en villégiature à Château-Chinon, sa ville natale, n'a pas voulu demeurer indifférente à la joie universelle, et elle a adressé au héros des noces d'or ce souhait sympathique :

Ad multos annos !

La lecture du télégramme qui apportait ce vœu d'un prélat si cher à tout le clergé nivernais fut accueillie par les plus vifs applaudissements.

Télégramme de Mgr l'archevêque d'Aix.

Sa Grandeur Mgr Forcade, archevêque d'Aix, Arles et Embrun, s'est associée également aux noces d'or. Tous les amis de M. l'abbé Clément liront avec plaisir la dépêche affectueuse que lui a envoyée notre ancien évêque :

L'archevêque d'Aix, Arles et Embrun offre de tout son cœur ses félicitations et ses vœux au vénérable et cher chanoine Clément. Dieu prolonge encore ses jours, pour le bonheur de Châtillon et celui de ses nombreux amis.

Discours de M. l'abbé Delabre, curé de Bazolles.

Monsieur le Doyen,

Quand le Docteur angélique eut terminé son œuvre merveilleuse, Notre-Seigneur lui apparut et lui dit : Thomas, vous avez bien parlé de moi : *Bene scripsisti de me, Thoma...*
Laissez-nous vous dire, Monsieur le Doyen, qu'à cette gloire vous en avez joint une seconde, celle du zèle pour les œuvres qui font le bon pasteur ; l'ensemble de votre vie sacerdotale en fait foi.
Votre début comme vicaire en est une preuve éclatante. Clamecy n'a pas oublié le jeune et aimable abbé Clément (Thomas). La présence de M. l'Archiprêtre qui, malgré le poids des ans et les fatigues d'un déplacement, n'a voulu céder à personne la présidence de cette fête, dit assez que vous avez su conquérir sa précieuse amitié, parce que vous lui fûtes un aide sûr, un fils dévoué, et que, dès ce temps de votre jeunesse, vos œuvres publiques et privées annonçaient que vous n'étiez pas un premier venu au milieu de ce clergé dont la haute valeur fait encore la gloire de notre diocèse nivernais.
Vous avez dépensé votre activité dans plusieurs paroisses importantes, et partout vous avez passé comme le divin Maitre, en faisant le bien. Les maisons de Dieu restaurées, des reli-

gieuses appelées pour donner à l'enfance une éducation chrétienne, en même temps qu'une solide instruction, l'ascendant d'une charité que rien ne lassa jamais, l'ardente sympathie de tous les prêtres composant votre doyenné : voilà quelques-unes des œuvres qui vous ont fait décerner le titre de *bon pasteur*. C'est le nom que vous donnent vos paroissiens et auquel nous applaudissons tous de grand cœur.

Pour nous, Monsieur le Doyen, nous n'avons jamais abordé votre demeure, nous ne vous avons jamais reçu dans la nôtre, sans éprouver une douce et sainte joie. Votre présence a toujours amené sur nos lèvres ces paroles du Psalmiste : *Ecce quam bonum et quam jucundum habitare fratres in unum.* C'est que vous savez vous faire pour nous un frère, moyen infaillible de vous faire regarder comme un père. Auprès de vous, c'est la famille sacerdotale se délassant de son dur labeur, de sa solitude parfois bien lourde, et recevant l'encouragement et le bon conseil.

Nous sommes heureux, aujourd'hui, de vous rendre ce glorieux témoignage, et de voir le cercle d'honneur que forment autour de vous ces prêtres vénérés, vos amis, aussi distingués par le talent que par la vertu. Heureux sommes-nous aussi de vous témoigner, par une humble offrande, notre affection et notre respect.

Soyez heureux aussi, Monsieur le Doyen, en ce jour glorieux de vos noces d'or.

Le Seigneur qui vous a toujours béni, et qui sait le besoin que nous avons de vous conserver, vous laissera encore de longues années parmi nous pour le bien de son Eglise et pour notre consolation personnelle

Vous avez su imiter par la bonté, par le zèle et par la charité le prêtre distingué dont vous fûtes le vicaire; imitez-le en un autre point : comme lui, vivez vigoureux, honoré, aimé pendant de longues et longues années encore.

Ad multos annos!

Échos adressés à M. l'abbé Clément, à l'occasion de ses noces d'or, par M. l'abbé M.....

Sur tout le Nivernais, du midi jusqu'au nord,
S'étend de ce beau jour la joyeuse atmosphère ;
Qui n'est pas en esprit à vos noces d'or dort,
Qui n'unit pas ses vœux à votre prière erre.

C'est que, mon vénérable, à part tout compliment,
On vous aime beaucoup, beaucoup, ne vous déplaise.
Qui dit que vous n'êtes le curé Clément ment,
Béni soit ce jour qui rend le diocèse aise.

Toast de M. l'abbé Hurault, chanoine honoraire, curé de Saint-Pierre de Nevers.

Je me garderai bien de refaire l'éloge de l'excellent prêtre, du bon et sympathique confrère, de l'homme de cœur et de dévouement dont nous célébrons les noces d'or aujourd'hui. L'opinion publique est si bien fixée à cet égard que je ne pourrais qu'amoindrir l'expression d'un sentiment qui se trouve sur toutes les lèvres et dans tous les cœurs. Je ne veux parler que de ce que je connais mieux que qui que ce soit.

Un célèbre moraliste, après une peinture émue et délicieuse de l'amitié, ajoute cette triste réflexion, trop souvent, hélas! justifiée par l'expérience :

> Chacun se dit ami, mais fou qui s'y repose.
> Rien n'est plus commun que le nom,
> Rien n'est plus rare que la chose.

Eh bien! Messieurs, cette chose rare que le fabuliste regardait presque comme introuvable, j'ai eu le bonheur de la trouver.

Il y a cinquante ans, à pareille époque, que je vis, pour la première fois, M. l'abbé Clément. Il venait d'être ordonné prêtre; il partait pour son laborieux et fécond vicariat de Clamecy.

Quelle n'était pas sa joie de faire ses premières armes sous la direction de l'homme éminent, du prêtre entouré d'une considération universelle, qui a porté si haut la dignité sacerdotale et que nous sommes heureux de saluer en ce moment comme le patriarche du clergé nivernais?

Je partageai la joie du jeune vicaire, et je me félicitai de trouver un ami dans mon pays natal. Il suffisait en effet de voir l'abbé Clément pour l'apprécier et pour l'aimer. Il voulut bien répondre à mon affection, et, depuis cinquante ans, ces nœuds formés dans l'ardeur de la jeunesse se sont maintenus et fortifiés avec les années. La conformité de nos goûts et peut-être aussi la différence de nos caractères n'ont fait que les resserrer de plus en plus ; ils subsistent toujours, et, avec la grâce de Dieu, je l'espère, ils se perfectionneront au-delà de la vie.

C'est donc après un demi-siècle d'affection réciproque que je porte dans toute l'effusion de mon cœur cette santé au vénérable doyen de Châtillon-en-Bazois, *au véritable ami.*

Toast de M. l'abbé Guillaumet, chanoine honoraire, archiprêtre de Clamecy.

Je suis heureux, Messieurs, de me trouver au milieu de confrères qu'une même pensée réunit aujourd'hui, et en si grand nombre. Je le suis surtout de pouvoir, dans cette circonstance, témoigner de toute mon estime et de toute mon affection pour celui que vous fêtez si bien au jour de ses noces d'or, votre digne et honorable doyen.

Je voudrais vous dire toutes les qualités de l'esprit et du cœur qui le distinguent, mais vous les connaissez comme moi et aussi bien que moi. Tout ce que je puis vous dire, c'est qu'il était mon vicaire il y a cinquante ans et qu'à ce titre il m'a été donné d'en avoir les prémices et comme les premières floraisons. — Vous, Messieurs du Doyenné, vous en goûtez depuis longtemps les fruits délicieux, — et Châtillon était destiné à en posséder toutes les richesses.

C'est donc Châtillon que nous devons particulièrement féliciter. Nouveau Salomon, n'y a-t-il pas élevé un nouveau temple plus digne de la majesté de Dieu? Sur les ruines de l'ancienne église, — que j'ai connue dans toutes ses laideurs, — n'a-t-il pas construit cette belle église que nous admirons aujourd'hui dans toutes ses splendeurs? C'est lui qui en a été l'architecte, qui en a mesuré les dimensions et les belles proportions : c'est son œuvre en un mot.

Puis, avec cette église matérielle, que n'a pas fait son zèle pour la prospérité de sa paroisse, sous tous les rapports, et pour édifier dans les âmes la vie chrétienne?

Il est encore une gloire que je dois ajouter à l'actif de notre doyen (chez qui, d'ailleurs, il ne se trouve pas de passif) ; cette gloire, c'est d'avoir suscité dans sa paroisse un grand nombre de vocations, d'avoir donné à l'Eglise des prêtres de mérite, et dont l'un a été l'orateur éloquent de notre belle journée (1).

Maintenant, que n'aurais-je pas encore à dire, Messieurs, d'autres qualités de notre doyen ? qualités secondaires pour le prêtre, il est vrai, mais qui font cependant le charme de la vie : poésie, musique, inventions de différents genres, et dont souvent il nous a donné des preuves par des expériences qui ne sont pas sans mérite. Mais ces qualités n'ont jamais été pour lui qu'un jeu, qu'une récréation de l'esprit, pour le mieux préparer aux œuvres importantes du saint ministère, et qui se rattachent par leur nature à l'honneur de la religion, à la gloire de Dieu et au salut des âmes.

Je m'arrête, Messieurs, car je n'ose froisser davantage la modestie de notre doyen, et je résume les santés que nous voulons lui porter :

Au cher abbé Clément, l'enfant et l'honneur du Morvand, qui

---

(1) M. l'abbé Girarde, curé de Chantenay.

lui a donné naissance et qui a donné aussi quelque chose de son granit à son esprit et à sa vigoureuse constitution !

A mon ancien vicaire de cinquante ans, dont le souvenir, ainsi que celui de bien d'autres, réjouit non plus ma jeunesse, mais ma vieillesse !

Au vénérable doyen de Châtillon, qui possède les sympathies de tous ses confrères et la vénération de toute sa paroisse !

Au nom de tous, nous aimons à répéter en ce jour ce pieux refrain de nos vœux : Dieu le garde et lui donne encore de longs jours !

Ad multos annos !!!

Toast de M. l'abbé Crosnier, curé de Saint-Louis de Fourchambault.

Il est déjà bien loin le printemps de la vie,
Temps d'heureuse ignorance et toujours enchanteur.
D'un splendide horizon la jeunesse éblouie
Ne voit dans l'avenir que plaisir et bonheur.

Mais notre digne ami, cet homme de prière,
Qui dès ses jeunes ans du monde séparé,
A choisi pour séjour de Dieu le sanctuaire,
Comme il bénit le lien, dont il est honoré !

Pourrait-il oublier cette heure solennelle
Où le Pontife saint aux lévites admis
Fit entendre ces mots, de sa voix paternelle :
Désormais, ô mes fils, vous êtes mes amis !

Clamecy l'a connu dans l'ardeur de son zèle,
Qu'il sut assaisonner d'une aimable douceur.
N'était-il pas déjà des prêtres le modèle,
Quand il fut devenu de Sully le docteur ?

Par ses mains prospérait la semence divine,
Lorsqu'il fallut quitter Sully pour Saint-Amand.
Mais devant le prélat notre doyen s'incline :
Car qui fut plus modeste, et soumis et clément ?

Cependant notre ami, que guidait la sagesse,
Cultivait avec soin ses travaux et les arts ;
Châtillon possédait une église en détresse,
Qui, par tous les côtés, attristait les regards.

A la voix de son chef, l'archéologue habile
Obéit..... Et bientôt, nouveau Zorobabel,
Il est heureux d'offrir à tous un saint asile :
A son peuple une église, au Très-Haut un autel.

Voyez, près d'une source, un arbre au vert feuillage,
Qui prodigue aux passants ses produits savoureux ;
Ainsi ce bon pasteur, en tout temps, à tout âge,
Présente des vertus les fruits délicieux.

Comme un chêne élancé, qui brave la tempête,
Il ne fléchira pas ; car toujours plein d'ardeur,
Tout ce qu'il entreprend assure la conquête
D'une œuvre méditée en face du Seigneur.

Or, dix lustres passés sur son front vénérable,
Que les rides des ans ont à peine effleuré,
Ont fait dire, à le voir humble et toujours affable,
Qu'en lui le divin Maître avait tout préparé.

Salut ! digne pasteur, héros de cette fête,
Avec joie agréez les vœux de vos amis ;
Ils ont en vous trouvé leur fidèle interprète
Dans l'accueil fraternel qui les a réunis.

O frère bien-aimé ! que ce jour sans nuage
Conserve son éclat comme un rayon des cieux !
Qu'il soit un avant-goût, pour vous, de l'héritage
Que Dieu destine aux cœurs bienfaisants, généreux !

M. l'abbé Dufrène ayant à remettre à M. l'abbé Clément, de la part de Mgr l'Evêque de Nevers, des lettres de chanoine honoraire, a récité les couplets suivants :

Messieurs, c'est un fait accompli,
Ce beau jour sera sans oubli,
Et notre joie aura son faîte :
Pour que rien ne manque à la fête,
Que le vœu de tous soit rempli,
— Si je m'en rapporte à ce pli —
Notre seigneur Étienne-Antoine
Fait notre bon doyen chanoine.

C'est sûr..... Et puisque j'ai ce sort
D'apporter à ses noces d'or
Le vrai joyau qui les couronne,
Messieurs, souffrez que ma personne,
D'abord pour vous jette d'ici
Un long, un grand, un plein merci
A Monseigneur Etienne-Antoine,
Que fait le bon doyen chanoine.

Et vous, *tam dignus intrare*
In nostro..... sancto corpore,
Collègue vénéré, de grâce,
Permettez que je vous embrasse
Au nom des confrères ravis.
Dont j'exprime en ces mots l'avis :
« Non, Sa Grandeur Etienne-Antoine
» Ne fit jamais meilleur chanoine. »

Mais c'est assez causé, je crois,
Faisons mieux : pour rendre à la croix,
A la mozette, à ces insignes,
L'honneur joyeux dont ils sont dignes,
Messieurs, revenant aux flacons,
Pour le diocèse entier buvons
A Monseigneur Etienne-Antoine,
Buvons au bien-aimé chanoine.

Messieurs, si sur un ton plaisant
J'ai pris ce grave événement,
Ne m'en ayez mauvaise grâce :
J'ai lu quelque part dans Horace
Qu'il faut parler à l'avenant.
Est-ce ma faute, à moi, vraiment,
Si Monseigneur Etienne-Antoine
Nous donne un si joyeux chanoine ?

Eh ! n'est-ce un fait des plus constants,
Dont nos archiprêtres présents (1)
Confirmeront le témoignage,
Que c'est pour rendre un juste hommage
Au grand cœur, à l'esprit charmant,
Aux vertus d'un prêtre éminent,
Que Monseigneur Etienne-Antoine
A fait monsieur Clément chanoine ?

(1) MM. Guillaumet, archiprêtre de Clamecy ; Mézières, archiprêtre de Château-Chinon.

Première cantate de M. l'abbé Chapoy, curé d'Aunay.

      Vide, Thoma, vide, tempus
      Quo te sumpsit Jesus Christus
      Ut sacerdos esses suus.
          Alleluia !

      Nil inane Deus facit ;
      Nobis sanum te servavit,
      Cui gloria, laus, amor sit.
          Alleluia.

      Hic videmus sacerdotem (1)
      Cujus cecinisti laudem
      Qui te fecit sibi parem.
          Alleluia.

      Alter adest doctissimus (2)
      Dicendi valde peritus
      Quem nos quoque collaudemus.
          Alleluia.

      Salve quoque, tu lex vivens (3),
      Ordinem precum nos docens,
      Diu vive semper gaudens.
          Alleluia.

      Cuidam Thomæ Deus dixit :
      Thomas de me bene scripsit,
      Dic qua mercede dignus sit.
          Alleluia.

      De te vero Deus dicet :
      Thomas de me bene docet
      Quem vivere diu decet.
          Alleluia.

      Vivat Thomas, vivat Clemens,
      Plurimos annos perducens
      Et sit semper nobis Clemens !
          Alleluia.

(1) **M.** l'abbé Guillaumet, archiprêtre de Clamecy.
(2) **M.** l'abbé Hurault, curé de Saint-Pierre de Nevers.
(3) **M.** l'abbé Mézières, archiprêtre de Château-Chinon.

Deuxième cantate de M. l'abbé Chapoy, curé d'Aunay.

REFRAIN.

Livrons-nous tous à l'allégresse,
Chantons, amis, chantons encor;
Il est permis d'être en liesse
En ce beau jour de noces d'or.

Il est au beau pays de France
Un doyen bon, doux et clément,
J'ose le dire en sa présence,
Nous l'appelons Thomas Clément.

Être clément n'est pas facile,
Surtout à mon tempérament.
Toujours résister à sa bile :
Voilà qui coûte assurément.

Notre Clément, c'est autre chose ;
Dieu lui fit un cœur tout de miel ;
Jamais en lui la moindre dose
De noire humeur ni d'aucun fiel.

De saint Jean, l'apôtre fidèle,
Il prit la douceur, la bonté :
Vincent de Paul est le modèle
Qui lui dicta sa charité.

Nous lui souhaitons longue vie,
Santé, succès, prospérités,
Et voici notre seule envie,
C'est d'être au ciel à ses côtés.

Titus, au dire de l'histoire,
Sut être clément quelquefois;
Notre doyen, veuillez le croire,
L'enfonce un million de fois.

Si ma muse est un peu barbare,
Quelle en est la cause ? Cherchez.
Chacun n'a pas la verve rare
De l'heureux barde de Planchez.

Toast du R. P. dom Pierdait, bénédictin de Solesmes.

Bien que, d'après la règle de saint Benoît, le silence soit ce qui convienne le mieux à un moine, on veut que je prenne la parole au nom des enfants de Châtillon que M. le Curé a donnés à la sainte Eglise et au sacerdoce.

Auprès du saint prêtre, autour de l'autel où il monte chaque jour paré de ses vertus, il se forme par ses soins toute une famille de prêtres qui s'honorent d'être ses enfants et qui réalisent le mot de l'Ecriture : *Justus ut palma florebit ; sicut cedrus Libani multiplicabitur in domo Domini.*

En qualité de plus jeune prêtre de Châtillon, je suis heureux de pouvoir proclamer aujourd'hui, et en présence de cette imposante réunion, la part que vous avez eue, Monsieur le Curé, à ma vocation, et vous témoigner hautement ma profonde reconnaissance pour cette grâce du sacerdoce que j'ai le bonheur de sentir encore toute récente, et vers laquelle vous m'avez dirigé dès mon enfance.

Je crois pouvoir dire, ou plutôt j'ai le devoir et la mission de dire que les sentiments que j'exprime sont ceux de tous les prêtres originaires de Châtillon, de MM. les Curés d'Anthien, de Chantenay et de Saint-Hilaire-Fontaine, et de M. le Vicaire de Saint-Saulge. Nous nous réunissons tous les cinq pour vous offrir, Monsieur le Curé, le commun hommage de notre reconnaissance, de notre vénération, de notre amour tout filial, et pour demander à Dieu d'augmenter encore, par l'exemple et l'attrait de vos vertus, la famille sacerdotale que vous avez formée à Châtillon.

Quatrains composés par M. l'abbé Clément, chanoine honoraire, curé-doyen de Châtillon, à l'occasion du magnifique missel à lui offert par MM. les Curés du doyenné de Châtillon-en-Bazois.

De ce missel incomparable
Votre don double la valeur ;
Il est d'un prix inestimable,
Parce qu'il est un don du cœur.

Sur l'autel, sa seule présence,
Dans le plus lointain avenir,
Redira ma reconnaissance
En priant Dieu de vous bénir.

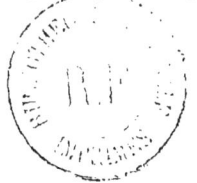

Lorsque mes lèvres frémissantes
S'arrêteront au *Memento*,
Tous vos noms en lettres vibrantes
Dans mon cœur se feront écho !

Ces noms brillent dans ce volume
D'un éclat qui charme les yeux ;
Mais l'arome qui les parfume
Doit les faire aimer dans les cieux.

Quand nous aurons quitté la vie
On dira bien longtemps encor :
C'est ainsi que, l'âme ravie,
Ils célébraient leurs noces d'or.

Autres quatrains composés par M. l'abbé Clément à l'occasion du riche calice à lui offert par la paroisse de Châtillon-en-Bazois.

Que dirai-je de ce calice ?
Splendide joyau du saint lieu,
Il charme au très-saint sacrifice
Tous les cœurs qui s'aiment en Dieu.

Merci, mes fils, et vous, fidèles,
Qui, tous unis dans le Seigneur,
Nous donnez ces marques nouvelles
D'une foi qui fait votre bonheur.

A ces dons, couronnant la fête,
S'est joint un superbe Thabor,
Et chacun à l'envi répète :
Ce sont bien là des noces d'or !

UN DERNIER MOT.

Toute famille compte des vides à ses réunions, et cela est vrai surtout de la famille paroissiale. Que de vides, que d'absences un prêtre a vu se multiplier pendant un ministère de trente années ! Or, pour le prêtre catholique l'absence n'est pas l'oubli. Non content de demander chaque jour à l'autel un lieu de rafraîchissement et de lumière pour ceux qui se sont endormis, sous l'onction sainte de ses mains, du sommeil de la paix, M. l'abbé Clément a voulu associer ces absents, toujours aimés, à ses joies, et il a annoncé pour le jeudi 7 août un service funèbre. Tous les cœurs ont fait écho; et, au jour dit, la paroisse de Châtillon s'est retrouvée autour de son pasteur, recueillie, émue de ce souvenir donné à ses morts, confessant une fois de plus qu'au pied du tabernacle est la vraie fraternité.

Imp. Fay, G. Vallière, succr.

www.ingramcontent.com/pod-product-compliance
Lightning Source LLC
Chambersburg PA
CBHW060608050426
42451CB00011B/2140